Lucien Ngue Mbag

Pensées en faveur de la vie Volume 1

Lucien Ngue Mbag

Pensées en faveur de la vie Volume 1

Je suis venu afin que les brebis aient la vie, et qu'elles soient dans l'abondance. Jean 10:10

Éditions Croix du Salut

Imprint
Any brand names and product names mentioned in this book are subject to trademark, brand or patent protection and are trademarks or registered trademarks of their respective holders. The use of brand names, product names, common names, trade names, product descriptions etc. even without a particular marking in this work is in no way to be construed to mean that such names may be regarded as unrestricted in respect of trademark and brand protection legislation and could thus be used by anyone.

Cover image: www.ingimage.com

Publisher:
Éditions Croix du Salut
is a trademark of
International Book Market Service Ltd., member of OmniScriptum Publishing Group
17 Meldrum Street, Beau Bassin 71504, Mauritius

Printed at: see last page
ISBN: 978-613-7-36985-2

PENSEES EN FAVEUR DE LA VIE

TOME I

PREFACE

Dans 1 Thessaloniciens au chapitre 5 verset 17, l'apôtre Paul écrit : « Priez sans cesse». Tout comme respirer est important pour l'être humain, la prière est primordiale pour le chrétien.

Le mot prière vient du mot latin « precare » et signifie selon le contexte : demander quelque chose à Dieu, intercéder pour quelqu'un d'autre. Il existe plusieurs sortes de prières : les simples prières, les supplications, les requêtes, les actions de grâce, la louange et l'adoration. La prière se fait au nom de Christ.

A travers la prière, le chrétien dialogue avec son Père qui est dans les cieux : il s'adresse à Dieu avec humilité, respect, calme et foi et il écoute dans le silence ce que son Père a à lui dire.

Si la prière est une expression spontanée et directe de l'homme à Dieu, elle est pour beaucoup sources de difficultés.

Dans ce premier tome, le lecteur découvrira des pensées en faveur de la vie qui sont tirées de la Bible et sont accompagnées de modèles de prière. Autant de fois que nécessaire, le lecteur pourra s'appuyer sur ces pensées :

1. pour une vie de prière qui plaise à Dieu,
2. pour méditer,
3. pour entrer dans la contemplation,
4. pour une vie contemplative.

Puisse chacun faire un bon usage de cet ouvrage.

TABLE DES MATIERES

1. Un esprit abattu dessèche les os....................5

2. Etre abandonné des hommes 7

3. Enfant de douleur.................................9

4. Dans les douleurs 11

5. Face aux autorités..............................13

6. Comment ferais-je ?.............................15

7. La vie chrétienne pratique......................17

8. Soutenir par la parole celui qui est abattu.......19

9. Espère en Dieu..................................21

10. Ne pense pas qu'il puisse t'abandonner..........23

11. Si tu l'abandonnes, il te rejette...............25

12. Il ne faut pas abandonner Dieu..................27

13. L'orgueil aboutit à l'abaissement...............29

14. Mener une vie de prière.........................31

15. Veillez et priez : le diable rôde...............34

16. Bâtir la société grâce à l'Evangile....................36

17. Ses frères virent que leur père l'aimait............39

18. Accorde-moi le pain qui m'est nécessaire.......41

19. Que la lumière soit !..43

20. Dieu sépara la lumière.................................44

21. Faisons l'homme à notre image......................47

22. A César ce qui est à César............................49

23. Réjouissez-vous...51

24. Soyez dans l'allégresse..................................53

Un esprit abattu dessèche les os

« Un cœur joyeux est un bon remède, Mais un esprit abattu dessèche les os » Proverbes 17 : 22

Lorsque nous avons le cœur triste, lorsque nous passons par des moments difficiles, lorsque la joie vient à disparaître de nos vies, cette Parole de Dieu est là pour nous soutenir et nous remplir de joie.

Elle nous invite à nous rapprocher de Dieu et à prier avec foi et conviction : *« Seigneur, je te loue car je sais que tu m'aimes et que j'ai du prix à tes yeux.*

Aujourd'hui rempli mon cœur de ta joie intarissable car mon esprit est abattu. Si je demeure dans cet état, je donne accès au diable dans ma vie et je lui permets de me faire douter de Toi. Je veux me réjouir en toi et ne pas laisser mon âme, mon esprit et mon corps dans l'abattement et la tristesse. Que tes eaux vives coulent en moi pour ta gloire.

Au nom de Jésus Christ notre Seigneur et Sauveur qui règne à jamais. »

Etre abandonné des hommes

« Méprisé et abandonné des hommes, Homme de douleur et habitué à la souffrance, Semblable à celui dont on détourne le visage » Esaïe 53 : 3

Lorsque nous nous retrouvons abandonnés des hommes et des femmes qui nous entouraient, nous avons le sentiment que tout s'écroule autour de nous car tout ceux sur qui nous comptions ne sont plus là. Cette Parole de Dieu nous rappelle que Jésus a emprunté ce chemin en se retrouvant abandonné des hommes mais aujourd'hui il est assis à la droite du Père.

Elle nous invite à nous rapprocher de Dieu et à prier avec foi et conviction : « *Seigneur, je te loue car je sais que tu m'aimes et que j'ai du prix à tes yeux.*

Aujourd'hui rends-moi semblable à Christ. Enseigne-moi à ne compter que sur Toi seul car les compagnies du monde sont éphémères mais Toi tu es là en tout temps et en toutes circonstances.

Au nom de Jésus Christ notre Seigneur et Sauveur qui règne à jamais. »

Enfant de douleur

« Mais elle se mourait. Dans son dernier souffle, elle le nomma Ben-Oni (Fils de ma douleur), mais son père l'appela Benjamin (Fils de bon augure) »

Genèse 35 :18

C'est un moment de joie et de bonheur intense lorsqu'un enfant vient au monde. Cette joie dans certaines circonstances est souvent mêlée de tristesse lorsqu'en donnant la vie, la mère décède. Cette Parole de Dieu nous rappelle qu'en pareille circonstance, il faut demeurer positif et ne pas en vouloir à l'enfant nouveau-né.

Elle nous invite à nous rapprocher de Dieu et à prier avec foi et conviction : « *Seigneur, je te loue car je sais que tu nous aimes et que nous avons du prix à tes yeux.*

Aujourd'hui je te confie tous ces enfants qui en venant au monde ont perdu leur mère. Que le seul parent qui leur reste ne leur impute pas le décès du parent disparu mais qu'il considère cet enfant comme le don de Dieu et qu'il prenne soin véritablement de ce nouveau-né afin que l'enfant ne ressente jamais l'absence du parent décédé pendant l'accouchement. Seigneur comble de ton amour et de ton réconfort toute famille qui passe par ces moments difficiles.

Au nom de Jésus Christ notre Seigneur et Sauveur qui règne à jamais. »

Dans les douleurs de l'enfantement

« Pendant les douleurs du travail, la sage-femme lui : Courage ! C'est encore un garçon » Genèse 35 :17

L'accouchement est une joie mais pour la future maman, il génère beaucoup de douleurs et de souffrance. Cette Parole de Dieu nous rappelle qu'en pareille circonstance, il faut les encourager.

Elle nous invite à nous rapprocher de Dieu et à prier avec foi et conviction : *« Seigneur, je te loue car je sais que tu nous aimes et que nous avons du prix à tes yeux.*

Aujourd'hui je te confie toutes ces femmes qui donnent ou vont donner naissance. Seigneur assiste-les dans la préparation de cet heureux évènement. Soulage leurs douleurs au moment de la venue au monde de l'enfant qu'elles portent en elles. Pour celles qui souffrent car elles ont tout essayé sans succès, accomplis le miracle de l'enfantement dans leur vie afin que le monde sache que celle qui met sa confiance en Toi ne sera jamais déçue.

Au nom de Jésus Christ notre Seigneur et Sauveur qui règne à jamais. »

Face aux autorités

« Rappelle-leur d'être soumis aux magistrats et aux autorités, d'obéir, d'être prêts à toute bonne œuvre »

Tite 3 :1

Selon qu'ils nous sont favorables ou pas, nous honorons ou méprisons les autorités. Cette Parole de Dieu nous rappelle l'attitude à adopter à l'égard de nos responsables et dirigeants.

Elle nous invite à nous rapprocher de Dieu et à prier avec foi et conviction : *« Seigneur, je te loue car je sais que tu m'aimes et que j'ai du prix à tes yeux.*

Aujourd'hui je te confie tous les dirigeants des pays et les responsables de tout bord. Tout pouvoir et toute autorité ici-bas t'appartiennent. Cette autorité et ce pouvoir, tu as accepté ou choisi de les déléguer à nos divers gouvernants et responsables. Donne-moi de me comporter à leur égard comme je me comporterais à ton égard. Que je sois toujours obéissant chaque fois que cela ne m'exige pas de trahir ma foi. Aide-moi à supporter les mauvais traitements et enseigne-moi à persévérer dans la prière pour chacune des autorités. Que ma conduite vis-à-vis des autorités les conduise à confesser Jésus-Christ comme Seigneur et Sauveur dans leur vie.

Au nom de Jésus Christ notre Seigneur et Sauveur qui règne à jamais. »

Comment ferais-je?

« Après ces choses, il arriva que la femme de son maître porta les yeux sur Joseph, et dit : Couche avec moi ! Il refusa, et dit à la femme de son maître : Voici, mon maître ne prend avec moi connaissance de rien dans la maison, et il a remis entre les mains tout ce qui lui appartient. Il n'est pas plus grand que moi dans cette maison, et il ne m'a rien interdit, excepté toi, parce que tu es sa femme. Comment ferais-je un aussi grand mal et pécherais-je contre Dieu » Genèse 39 : 7-9

Les hommes et les femmes de pouvoir n'hésitent pas à utiliser leur position pour harceler et tenter d'abuser ceux et celles qui sont sous leur responsabilité. Cette

Parole de Dieu rappelle aux dirigeants que le harcèlement et l'abus sont condamnés par la Parole de Dieu et elle rappelle à ceux à qui sont face à une pareille proposition qu'il ne faut pas céder même si cela peut être une opportunité de progresser socialement ou professionnellement.

Elle nous invite à nous rapprocher de Dieu et à prier avec foi et conviction : *« Seigneur, je te loue car je sais que tu nous aimes et que nous avons du prix à tes yeux.*

Aujourd'hui nous te confions tous ceux qui sont victimes d'abus et de harcèlement de la part de leurs responsables. Toi le Dieu de justice, agis en leur faveur afin qu'ils puissent être délivrés de cette prison et retrouvent le bonheur dans tous les domaines de la vie.

Au nom de Jésus Christ notre Seigneur et Sauveur qui règne à jamais. »

LA VIE CHRÉTIENNE PRATIQUE

« Que l'amour soit sans hypocrisie. Ayez le mal en horreur; attachez-vous fortement au bien.»

Romains 12:9

Dans ce village planétaire qu'est le monde, l'être humain assiste à une montée sans précédent de la violence, de la xénophobie, du tribalisme, du sectarisme, de l'animosité, des guerres, des luttes de pouvoir, des divorces, des meurtres, des divisions au sein des communautés religieuses. Pourquoi ? L'amour a disparu dans le cœur des hommes. Cette parole de Dieu nous édifie sur la nécessité et l'importance de l'amour dans toutes les relations humaines et à tous les niveaux de la société.

Elle nous invite à nous rapprocher de Dieu et à prier avec foi et conviction : *« Seigneur, je te loue car je sais que tu nous aimes et que nous avons du prix à tes yeux.*

Aujourd'hui nous te confions le monde et te supplions de faire que nous soyons touchés par la manifestation de ton amour, amour que tu as manifesté en sacrifiant Ton Fils sur la croix à Golgotha, amour qu'Il a manifesté durant son ministère terrestre en prenant soin de nos malades et leur accordant la guérison. Que ton Esprit Saint nous fasse marcher sur les pas du Christ, vivre et pratiquer l'amour au quotidien autour de nous.

Au nom de Jésus Christ notre Seigneur et Sauveur qui règne à jamais. »

Soutenir par la parole celui qui est abattu

« Le Seigneur, l'Eternel, m'a donné une langue exercée, Pour que je sache soutenir par la parole celui qui est abattu; Il éveille, chaque matin, il éveille mon oreille, Pour que j'écoute comme écoutent des disciples.» Esaïe 50:4

L'égoïsme est un cancer qui a envahi la société humaine : chacun ne pense qu'à lui et qu'à ses intérêts. Toute action est motivée par une seule question : « Qu'est-ce que cela me rapporte-t-il ? ». Cette parole de Dieu nous invite à penser aux autres.

Elle nous invite à nous rapprocher de Dieu et à prier avec foi et conviction : *« Seigneur, je te loue car je sais que tu nous aimes et que nous avons du prix à tes yeux.*

Aujourd'hui je prends conscience que ta volonté est que je me soucie de celui qui est à côté de moi et souffre. Ote la paille qui est dans mon œil et qui m'empêche de voir ceux que tu désires que je relève au moyen de ta parole et de toutes les ressources que tu m'as offertes gracieusement. Dirige mes pas vers eux afin que je les soutienne comme tu me soutiens.

Au nom de Jésus Christ notre Seigneur et Sauveur qui règne à jamais. »

Espère en Dieu

« Pourquoi t'abats-tu, mon âme, et gémis-tu au-dedans de moi? Espère en Dieu, car je le louerai encore; Il est mon salut et mon Dieu.» Psaumes 42:6

Face aux problèmes de la vie, quelle solution adoptée ? Sorcellerie ? Esotérisme ? Pédophilie ? Consultation des cartes ? Consultation des boules de cristal ? Horoscope ? Etc. Cette parole de Dieu nous invite à nous appuyer sur Dieu par l'intermédiaire de son Fils.

Elle nous invite à nous rapprocher de Dieu et à prier avec foi et conviction : *« Seigneur, je te loue car je sais que tu m'aimes et que j'ai du prix à tes yeux.*

Chaque fois que rien ne va plus dans ma vie, mon âme est abattue.

Aujourd'hui, je décide de toujours compter sur toi malgré les circonstances. Efface de mon visage ces ténèbres et illumine mon âme car toi mon Dieu tu es toujours là pour moi.

Au nom de Jésus Christ notre Seigneur et Sauveur qui règne à jamais. »

Ne pense pas qu'il puisse t'abandonner

« Sion disait: L'Eternel m'abandonne, Le Seigneur m'oublie! Une femme oublie-t-elle l'enfant qu'elle allaite?» Esaïe 49:14-15

Et si tout allait mal ? Que diras-tu ? Dieu m'a abandonné ! Dieu m'oublie ! Que je crie à lui, Il n'entend pas ! Cette parole de Dieu nous invite à retenir que le Seigneur ne nous abandonne jamais.

Elle nous invite à nous rapprocher de Dieu et à prier avec foi et conviction : « *Seigneur, je te loue car je sais que tu m'aimes et que j'ai du prix à tes yeux.*

Chaque fois que rien ne va plus dans ma vie, mon âme est abattue. Éloigne de moi ceux qui disent que tu m'abandonnes, efface de mon esprit l'idée que tu m'abandonnes et fais-moi croire éternellement en ta fidélité.

Au nom de Jésus Christ notre Seigneur et Sauveur qui règne à jamais. »

Si tu l'abandonnes, il te rejette

« Et toi, Salomon, mon fils, connais le Dieu de ton père, et sers-le d'un cœur dévoué et d'une âme bien disposée, car l'Eternel sonde tous les cœurs et pénètre tous les desseins et toutes les pensées. Si tu le cherches, il se laissera trouver par toi; mais si tu l'abandonnes, il te rejettera pour toujours.» 1 Chroniques 28:9

La première pensée qui vient à l'esprit lorsque la tempête fait rage dans la vie est de chercher une bouée de sauvetage peu importe quelle est la couleur de la bouée, quelle en est la marque et peu importe qui nous tend la bouée. L'essentiel est que je sois sauvé. Mais à quel prix ? Cette parole de Dieu nous invite à retenir que le Seigneur attend de nous fidélité lorsque tout ne se passe pas comme prévu.

Elle nous invite à nous rapprocher de Dieu et à prier avec foi et conviction : « *Seigneur, je te loue car je sais que tu m'aimes et que j'ai du prix à tes yeux.*

Chaque fois que rien ne va plus dans ma vie, mon âme est abattue. Ne me laisse jamais t'abandonner. Quand tu me verras prendre de la distance, ne me laisse point m'éloigner de peur je me perde à jamais. Fais-moi vivre à tes côtés. Je reconnais que chaque fois que je fais ce qui ne t'honore pas, je me détourne de toi et je t'abandonne. Aie pitié de moi et fortifie-moi au moyen de ton Esprit-Saint pour que je te sois toujours fidèle.

Au nom de Jésus Christ notre Seigneur et Sauveur qui règne à jamais. »

Il ne faut pas abandonner Dieu

« Israël est devenu gras, et il a regimbé; Tu es devenu gras, épais et replet! Et il a abandonné Dieu, son créateur,» Deutéronome 32:15

Vivre dans l'abondance est le rêve de chacun avec la promesse de glorifier Dieu. Lorsque l'argent, la promotion, la fin des soucis financiers frappent à la porte de notre vie, que faisons-nous? Nous nous attribuons tout le mérite et tournons le dos à Dieu. Cette parole de Dieu nous exhorte à ne pas chasser Dieu de notre vie lorsque lui Dieu y a fait entrer l'abondance, le succès et les bénédictions de toutes sortes.

Elle nous invite à nous rapprocher de Dieu et à prier avec foi et conviction : « *Seigneur, je te loue car je sais que tu m'aimes et que j'ai du prix à tes yeux.*

Jadis j'étais prisonnier de la précarité, de la misère, des dettes. Autrefois, je n'avais aucune économie, mon grenier était vide et mes mains percées. Tu as jeté ton regard de miséricorde sur moi et tu m'as fait du bien. J'ai retrouvé la dignité perdue, le pain qui manquait dans ma maison. A qui est-ce que je le dois ? A toi Seigneur ! Soutiens-moi afin que je ne t'oublie pas comme tu m'as fait du bien.

Au nom de Jésus Christ notre Seigneur et Sauveur qui règne à jamais. »

L'orgueil aboutit à L'abaissement

« L’orgueil d’un homme l’abaisse, Mais celui qui est humble d’esprit obtient la gloire.» Proverbes 29:23

L’orgueil est un amour déréglé de soi-même ; il est l’état d’un homme qui se surfait, s’admire dans ses œuvres, se prête des qualités qu’il n’a pas et qui s’ingénie pour que les autres partagent l’opinion qu’il a de lui-même. « L’orgueil, dit La Rochefoucauld, n’est jamais mieux déguisé et plus capable de tromper que lorsqu’il se cache sous la figure de l’humilité. ». Cette parole de Dieu nous exhorte à ne pas nous laisser gagner par l'orgueil mais à rechercher l'humilité qui est introductrice de la grâce et des bénédictions divines.

Elle nous invite à nous rapprocher de Dieu et à prier avec foi et conviction : *« Seigneur, je te loue car je sais que tu m'aimes et que j'ai du prix à tes yeux.*

Je t'en supplie, brise en moi tout ce qui a pour racine l'orgueil ou la vanité et rempli moi de ton humilité.

Au nom de Jésus Christ notre Seigneur et Sauveur qui règne à jamais. »

Mener une vie de prière

« Ne vous inquiétez de rien; mais en toute chose faites connaître vos besoins à Dieu par des prières et des supplications, avec des actions de grâces. Et la paix de Dieu, qui surpasse toute intelligence, gardera vos cœurs et vos pensées en Jésus-Christ.»

Philippiens 4: 6-7

Pour subvenir à ses besoins, l'homme doit travailler ce qui le conduit à se consacrer à la quête du pain quotidien et à reléguer Dieu au second plan. S'il prie, il prie lorsque tout va mal ou de temps en temps. Cette parole de Dieu nous invite à mener une vie de prière intense et permanente : d'abord la prière, ensuite la prière et enfin la prière. Les combats que nous gagnons par la prière seront matérialisés dans notre quotidien.

Elle nous invite à nous rapprocher de Dieu et à prier avec foi et conviction : *« Seigneur, je te loue car je sais que tu m'aimes et que j'ai du prix à tes yeux.*

Mon devenir et mon avenir sont entre tes mains et j'ai pensé à tort que par ma force je pouvais tout. J'ai toujours considérer la prière comme une activité quelconque pensant te reléguant par là au second plan. Aujourd'hui je me repens de cette mauvaise façon de penser et de faire car sans Toi je ne suis rien et il te suffit de souffler un instant sur ma vie pour qu'elle s'écroule. Je désire dorénavant me consacrer à la prière. Soutiens-moi au moyen de ton Esprit Saint afin que je mène une vie de prière active, dynamique et permanente. Détourne de moi tout ce qui me distraie dans la prière et qui m'empêche de m'y consacrer.

Au nom de Jésus Christ notre Seigneur et Sauveur qui règne à jamais. »

Veillez et priez : le diable rôde

« Et il vint vers les disciples, qu'il trouva endormis, et il dit à Pierre : Vous n'avez donc pu veiller une heure avec moi ! Veillez et priez, afin que vous ne tombiez pas dans la tentation; l'esprit est bien disposé, mais la chair est faible.» Matthieu 26:40-41

Le Seigneur a un plan pour chacune de ses créatures et il souhaite que tout le monde s'épanouisse afin de mener la vie que Dieu lui a réservée. Le diable a réussi a privé beaucoup de personnes de la vie épanouie que Dieu leur a réservé. Cette parole de Dieu enseigne que chacun est une sentinelle de sa vie et que la prière est l'arme dont il doit se servir pour restaurer sa vie brisée par le diable.

Elle nous invite à nous rapprocher de Dieu et à prier avec foi et conviction : *« Seigneur, je te loue car je sais que tu m'aimes et que j'ai du prix à tes yeux.*

Durant mon sommeil, le diable est entré dans le champ de ma vie et a tout bouleversé. Eloigne de moi ce sommeil trompeur. Je veillerai sur le champ de ma vie par la prière de foi afin d'être instruis par Toi durant les veilles de la nuit et aux premières lueurs de l'aube. Tu me parleras et j'écouterai et je mettrai en pratique, tu me dévoileras les choses cachées et je saurais éviter les ruses de l'ennemi.

Au nom de Jésus Christ notre Seigneur et Sauveur qui règne à jamais. »

Bâtir la société grâce à l'Evangile

« Je leur dis alors: Vous voyez le malheureux état où nous sommes! Jérusalem est détruite, et ses portes sont consumées par le feu ! Venez, rebâtissons la muraille de Jérusalem, et nous ne serons plus dans l'opprobre. Et je leur racontai comment la bonne main de mon Dieu avait été sur moi, et quelles paroles le roi m'avait adressées. Ils dirent : Levons-nous, et bâtissons ! Et ils se fortifièrent dans cette bonne résolution.» Néhémie 2:17-18

L'avenir d'un pays et d'une nation reposent sur ses dirigeants. Lorsque tout va bien, les dirigeants sont applaudis. Lorsque tout va mal, on procède à de nouvelles élections pour changer les dirigeants en place.

Comment bâtir une société humaine et prospère sur la base de critères humains et charnels ? Cette parole de Dieu enseigne que pour bâtir une société prospère et dans laquelle l'être humain est au centre de toutes les préoccupations les plus nobles, il faut proclamer, diffuser et vulgariser l'Evangile.

Elle nous invite à nous rapprocher de Dieu et à prier avec foi et conviction :

« Seigneur, je te loue car je sais que tu nous aimes et que nous avons du prix à tes yeux.

Nous avons péché contre toi lorsque nous avons voulu être gouvernés par des hommes et avons renoncé à ton gouvernement. Dans une société gouvernée par des hommes, les hommes sont des sans-abris et des victimes de tous les vices. Envoie tes ambassadeurs répandre l'Evangile dans le cœur des peuples afin que tous aient la crainte de Dieu et puissent travailler selon tes principes pour une société humaine et prospère.

Au nom de Jésus Christ notre Seigneur et Sauveur qui règne à jamais. »

Ses frères virent que leur père l'aimait

« Israël aimait Joseph plus que tous ses autres fils, parce qu'il l'avait eu dans sa vieillesse; et il lui fit une tunique de plusieurs couleurs. Ses frères virent que leur père l'aimait plus qu'eux tous, et ils le prirent en haine. Ils ne pouvaient lui parler avec amitié.» Genèse 37: 3-4

Avoir des enfants et les aimer est une bonne chose. Offrir des cadeaux à ses enfants est également une bonne chose. Montrer sa préférence pour l'un des enfants peut conduire à une tragédie. Cette parole de Dieu enseigne que les parents ne doivent laisser voir la préférence qu'ils ont parmi leurs enfants.

Elle nous invite à nous rapprocher de Dieu et à prier avec foi et conviction :

« Seigneur, je te loue car je sais que tu nous aimes et que nous avons du prix à tes yeux.

Nous voulons te confier les parents du monde entier pour que tu les équipes de sagesse et d'intelligence dans le cadre de l'éducation de leurs enfants. Qu'ils élèvent leurs enfants selon le principe d'égalité. Qu'entre les enfants, il n'y ait pas de jalousie. Aide les parents à ramener l'amour, la paix, l'harmonie, la fraternité et l'entente entre les enfants après une dispute ou un conflit pour la bonne croissance de la famille et éviter une aggravation de la situation.

Au nom de Jésus Christ notre Seigneur et Sauveur qui règne à jamais. »

Accorde-moi le pain qui m'est nécessaire

« Eloigne de moi la fausseté et la parole mensongère; Ne me donne ni pauvreté, ni richesse, Accorde-moi le pain qui m'est nécessaire. De peur que, dans l'abondance, je ne te renie Et ne dise : Qui est l'Eternel ? Ou que, dans la pauvreté, je ne dérobe, Et ne m'attaque au nom de mon Dieu.»

Proverbes 30:8-9

La course à la richesse est source de plusieurs maux. Cette parole de Dieu enseigne qu'il faut apprendre à se contenter et à se satisfaire de ce que Dieu donne.

Elle nous invite à nous rapprocher de Dieu et à prier avec foi et conviction :

« Seigneur, je te loue car je sais que tu m'aimes et que j'ai du prix à tes yeux.

Lorsque tu as institué le travail, tu as voulu que l'homme travaille pour subvenir à ses besoins. Aujourd'hui, ce que je gagne ne me suffit plus. Je cherche à posséder toujours et toujours et ma soif de biens, d'argent, de responsabilité n'a d'égal que ma cupidité et ma démesure. Lorsque je m'en irais, je laisserais tout cela et un autre, insensé ou pas, en jouira. A quoi bon chercher à amasser tous les biens du monde si je ne puis jouir de tous ces biens ? Enseigne-moi à me suffire avec ce que tu m'accordes. S'il m'arrive de faire des projets de croissance, fais-en sorte qu'il reste conforme à ta volonté.

Au nom de Jésus Christ notre Seigneur et Sauveur qui règne à jamais. »

<u>Que la lumière soit !</u>

« Dieu dit : Que la lumière soit ! Et la lumière fut.»

Genèse 1 :3

Nul n'est à l'abri des maux de la société et ceux-ci sont nombreux et douloureux. Votre vie peut basculer en un instant dans une obscure clarté. Votre existence peut être envahie par des sombres circonstances sans que vous ne sachiez pourquoi. Cette parole de Dieu enseigne qu'à partir de rien l'Eternel peut nous donner un avenir et qu'l faut invoquer l'Eternel Dieu lorsque notre vie est un désert ou un chaos.

Elle nous invite à nous rapprocher de Dieu et à prier avec foi et conviction :

« Seigneur, je te loue car je sais que tu m'aimes et que j'ai du prix à tes yeux.

A partir du chaos, O Dieu tu as créé l'univers dans lequel chaque chose est à sa place et au sein duquel tout fonctionne convenablement même si l'orgueil humain y a causé des dommages parfois irréversibles.

Seigneur, Toi seul peut faire jaillir la lumière dans le chaos de ma vie et éclairer mon existence. Je viens demeurer en Christ et décide de lui faire pleinement confiance. Seigneur, lorsque les épreuves deviennent intenses, tu es là pour me secourir et soutenir. Par ta main forte, conduis-moi sur les sentiers qui me sont réservés afin que je jouisse pleinement de la vie que tu m'as réservée et j'atteigne le port céleste en bon et fidèle serviteur.

Au nom de Jésus Christ notre Seigneur et Sauveur qui règne à jamais. »

Dieu sépara la lumière

« Dieu vit que la lumière était bonne ; et Dieu sépara la lumière.» Genèse 1 :4

Les sépulcres recouverts de chaux brillent de loin mais à l'intérieur y règne une odeur repoussante, nauséabonde et putrescible. Cette parole de Dieu enseigne que nous ne devons pas associer lumière et ténèbres dans notre vie.

Elle nous invite à nous rapprocher de Dieu et à prier avec foi et conviction :

« Seigneur, je te loue car je sais que tu m'aimes et que j'ai du prix à tes yeux.

Seigneur, par l'action conjuguée de ta parole et de ton Esprit accomplis en moi le renouvellement intérieur pour que je puisse être authentique, mener une vie sainte.

Donne-moi la volonté et la force de refuser d'être vertueux devant les hommes pour rechercher l'admiration, l'approbation et la promotion. Eloigne de moi tout vice et fais-moi mener la vie qui t'honore.

Il n'est pas toujours facile de rejoindre le bon bord et cela à cause de plusieurs enjeux et de la crainte de la réaction des autres mais mon Dieu purifie et sanctifie ma vie de tout ce qui constitue un obstacle pour rejoindre le bon bord. C'est alors que je pourrais mener la vie épanouie que tu as préparé avec amour.

Au nom de Jésus Christ notre Seigneur et Sauveur qui règne à jamais. »

Faisons l'homme à notre image

« Puis Dieu dit : faisons l'homme à notre image, selon notre ressemblance et qu'il domine sur les poissons de la mer, sur les oiseaux du ciel, sur le bétail, sur toute la terre et sur tous les reptiles qui rampent sur la terre.» Genèse 1 :26

Les hommes se sont laissé asservir par des pratiques de plus en plus déshonorantes et répréhensibles : amour de l'argent, amour du pouvoir, jeu de politique, amour du sexe, sorcellerie, gain facile et rapide, etc. Cette parole de Dieu enseigne que la volonté de Dieu à la création est que l'homme soit souverain.

Elle nous invite à nous rapprocher de Dieu et à prier avec foi et conviction :

« Seigneur, je te loue car je sais que tu nous aimes et que nous avons du prix à tes yeux.

Seigneur, délivre-nous de l'idolâtrie dans laquelle nous sommes plongés en érigeant l'argent, le pouvoir, la luxure, la politique au rang de dieu. Nous nous repentons de t'avoir offensé. Au moyen du sang précieux de Christ lave et purifie-nous de toute iniquité. Couvre nous de ton Saint-Esprit. Et que Ton Fils Jésus-Christ règne dans nos vies comme Seigneur et Sauveur.

Au nom de Jésus Christ notre Seigneur et Sauveur qui règne à jamais. »

A CESAR CE QUI EST A CESAR

« Alors, il leur dit : Rendez à César ce qui est à César, et à Dieu ce qui est à Dieu.» Marc 12 :&

Le chrétien a une double citoyenneté : une sur la terre, où il doit contribuer à payer pour les services et les bénéfices que la société reçoit, et une autre dans le Royaume des cieux. Cette parole de Dieu enseigne que nous devons honorer aux devoirs et obligations que nous avons en tant que homme et en tant qu'enfant de Dieu.

Elle nous invite à nous rapprocher de Dieu et à prier avec foi et conviction :

« Seigneur, je te loue car je sais que tu m'aimes et que j'ai du prix à tes yeux.

Fais-moi prendre conscience que je suis citoyen du monde et citoyen de la cité céleste.

Donne-moi de toujours m'acquitter avec joie, gaieté de cœur et sans aucune contrainte de mes devoirs vis-à-vis des hommes et vis-à-vis de Toi. S'il arrive que les hommes exigent de moi ce qui est contraire à ta volonté, donne-moi de privilégier ta volonté.

Au nom de Jésus Christ notre Seigneur et Sauveur qui règne à jamais. »

REJOUISSEZ-VOUS

« Réjouissez-vous en tout temps de tout.»

Philippiens 4 :4

Les circonstances auxquelles nous faisons face peuvent être favorables ou défavorables à notre épanouissement. Cette parole de Dieu enseigne qu'il nous faut avoir une bonne attitude de vie pour prendre de l'altitude devant toute circonstance.

Elle nous invite à nous rapprocher de Dieu et à prier avec foi et conviction :

« Seigneur, je te loue car je sais que tu m'aimes et que j'ai du prix à tes yeux.

Lorsque la joie et le bonheur peuplent ma vie, donne-moi de me réjouir en Toi. Lorsque la tempête, les vagues et les orages viennent à déferler dans mon quotidien, donne-moi de me réjouir, de me réfugier en Christ pour m'élever devant les évènements pénibles et prendre les bonnes décisions.

Que je sois toujours en joie et que ma joie soit un outil dont tu te sers pour transformer ceux qui sont autour de moi et bénir ton peuple.

Au nom de Jésus Christ notre Seigneur et Sauveur qui règne à jamais. »

SOYEZ DANS L'ALLEGRESSE

« Réjouissez-vous et soyez dans l'allégresse»

Mathieu 5 :12

Nous broyons du noir lorsque nous sommes déçus, trahi abusé. Nos pensées vont dans tous les sens et tout devient confus. Cette parole de Dieu enseigne qu'il nous faut discipliner notre esprit par la joie.

Elle nous invite à nous rapprocher de Dieu et à prier avec foi et conviction :

« Seigneur, je te loue car je sais que tu m'aimes et que j'ai du prix à tes yeux.

Je te confie mes pensées. L'ennemi en a fait sa cible et il souhaite me paralyser en me faisant croire ce qu'il veut. Il cherche à me faire douter de de Toi, de moi et de tes promesses.

Père, mets de l'ordre dans mes pensées. Que ni le pessimisme ni le fatalisme ni la crainte ne soient mes maîtres ?

Au nom de Jésus Christ notre Seigneur et Sauveur qui règne à jamais. »

Printed by Books on Demand GmbH, Norderstedt / Germany